Edición en Español Copyright © 1993 de Charlesbridge Publishing
Copyright © 1991 de texto e ilustraciones de Charlesbridge Publishing
Número de Catálogo de la Biblioteca del Congreso: 93-70039
ISBN 0-88106-421-1 (softcover)
ISBN 0-88106-641-9 (library reinforced)
Publicado por Charlesbridge Publishing, 85 Main Street, Watertown, MA 02172 • (617) 926-0329

Impreso en los Estados Unidos de América
(sc) 10 9 8 7 6 5 4
(lb) 10 9 8 7 6 5 4 3 2 1

DENTRO DE LA SELVA TROPICAL

por Diane Willow
Ilustrado por Laura Jacques

i∆i Charlesbridge

La lluvia resbala por las hojas de los árboles tropicales y gotea suavemente. Al dejar de llover, la brisa mece las copas de los árboles. En las ramas más altas, millones de hojas de color verde intenso capturan la luz del sol que aparece en ese momento. Desde arriba, la selva tropical parece un enorme océano verde. Y al igual que el océano, alberga infinidad de criaturas.

árbol de la nuez
del Brasil

ceiba

higuera

yarumo

Al amanecer, los murciélagos dejan de beber el néctar que las flores de la ceiba producen por la noche. Los murciélagos vuelven rápidamente a su morada en un tronco hueco. Allí dormirán todo el día.

En lo alto de la ceiba se halla una arpía, que es el águila más grande del mundo. Aunque mide más de un metro, los demás animales no la pueden ver. El águila los ve despertarse mientras nace un nuevo día en la selva tropical amazónica.

águila arpía

murciélago sudamericano de lengua larga; se alimenta de néctar

aechmea chantinii

vaina llena de capoc y flor de la ceiba

De pronto, el águila hambrienta emprende su vuelo. El enorme pájaro se lanza en picada dando vueltas y giros entre las grandes ramas.

Una manada de monos aulladores se aleja asustada. Todos, menos uno, se escapan columpiándose de un árbol a otro con las lianas.

orquídea catleya

mono aullador rojo

filodendrón

lianas trepadoras

Los monos se reúnen en las ramas de un yarumo. Los machos anuncian con gritos ensordecedores su nuevo territorio: "*aaúúúúúúaaa.*" Sus gritos se oyen a más de un kilómetro de distancia.

En la selva se oyen otros sonidos de animales. Un gran pájaro carpintero picotea, *tac-tac-tac*, la corteza de un árbol balsa quebrado en busca de hormigas y larvas de insectos. Las cigarras, los insectos más ruidosos del mundo, frotan sus alas delanteras y producen un sonido de sirena, "*iiiiiooooo.*"

Sólo la mariposa pasionaria guarda silencio. Revolotea calladamente alrededor de una vaina madura llena de nueces del Brasil.

cigarra

vaina de la nuez del Brasil

mariposa pasionaria

La mariposa se acerca a una cápsula de la vainillina. La cápsula contiene las semillas de una orquídea que crece en lo alto de una rama de la vainillina. El aire húmedo de la selva se endulza con la fragancia de vainilla que desprenden las semillas maduras.

La mariposa pasionaria se mantiene alejada de un tití pigmeo. Este mono es tan pequeño que cabe enroscado en la palma de la mano. La mariposa continúa en busca de la enredadera de una pasionaria. Sólo en sus enroscados zarcillos ella depositará sus huevos amarillos.

cápsula de semillas
de la vainillina

abeja de la
orquídea

orquídea de la vainillina

tití pigmeo

La enredadera de la pasionaria trepa enroscada por una higuera llena de frutos. Los higos son una comida favorita de una bandada de tucanes. Cada tucán arranca higos con el borde aserrado de su pico. Sostiene la fruta en la punta del pico, la lanza al aire y la engulle ... *glub*.

Junto a los tucanes, un papagayo se balancea en una pata y con la otra arranca de un tirón los higos del árbol. Los monos lanudos pueden usar ambas manos para comer higos porque cuelgan de sus colas. Todas estas criaturas ayudan a esparcir las semillas de la higuera al dejarlas caer.

rama de la higuera

guacamayo azul y dorado de Sudamérica

mono lanudo

flor de la pasionaria

De repente, un fruto cae del árbol cañón. El fruto es tan grande y pesado que se estrella contra las hojas y espanta a los animales que comen higos. Los papagayos y tucanes alzan su vuelo mostrando los bellos colores de su plumaje.

Los monos lanudos se columpian hasta llegar a un árbol con hojas que parecen paraguas. En una rama de abajo, tres garras afiladas indican que los monos tienen compañía.

tucán toco

guacamayo escarlata

fruto del árbol cañón

tucán arco iris de pico biselado

Esas garras son las de un perezoso de tres dedos. Este animal cuelga boca abajo de la rama de un yarumo.

El perezoso lo hace todo boca abajo, incluso dormir. El abrigo peludo de su barriga se divide en dos y se desparrama hacia abajo para que la lluvia resbale sobre su piel. Como el perezoso se mueve casi un metro por minuto, es el mamífero más lento de todos. Es tan lento, que le crecen algas verdosas en la piel.

Su apariencia verdosa le ayuda a camuflarse entre las hojas para que no lo vea el jaguar que pasa a su lado.

enredadera en flor

jaguar

orquídea tropical

perezoso de tres dedos con su cría

El perezoso levanta su brazo como un bailarín que se mueve lentamente e inicia su travesía semanal hasta el suelo de la selva. Cuando baja por el follaje y atraviesa la capa de arbustos, pasa junto a unos monos capuchinos de cara blanca y otros dos vecinos con colas en forma de gancho.

Uno de ellos es la marteja, que ahora está dormida pero al anochecer despertará para jugar y comer. El otro es el oso hormiguero, que se dedica a la caza de hormigas y termitas. Desgarra un nido de hormigas con sus uñas afiladas y saca de repente su lengua larga, delgada y pegajosa para comérselas. Éstas y muchas otras criaturas viven en los árboles. Algunas jamás llegan a tocar el suelo.

mono capuchino de cara blanca   marteja   oso hormiguero y nido de termitas

También hay numerosas plantas que viven en los árboles con las raíces al aire y no en la tierra.

La bromelia, como la piña, tiene hojas largas y puntiagudas agrupadas en círculos que forman un cono en el centro. En el fondo del cono se forma un charco con agua de lluvia. Las salamandras vienen aquí a poner huevos. Las ranas arborícolas traen aquí a sus renacuajos para criarlos. Muchos caracoles y escarabajos pasan toda su vida en este charco de la bromelia.

salamandra

bromelia

renacuajo de la
rana arborícola
(rana de flecha vómica)

escarabajo tejón

Un lagarto anolis de color verde brillante que baja por el árbol se detiene en la charca de la bromelia a beber un sorbo de agua.

Hay mucha actividad en los alrededores. Las abejas revolotean en busca de polen fresco. Los escarabajos arlequín se nutren de la sustanciosa savia de los árboles. Un colibrí topacio, que aletea cincuenta veces por segundo, parece flotar en el aire mientras bebe el néctar de las flores que cuelgan de las enredaderas.

Un mono ardilla se escabulle hacia el árbol más cercano y derriba una vaina madura del cacao repleta de semillas achocolatadas — *"cataplúm."*

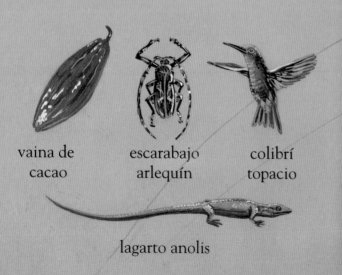

vaina de
cacao

escarabajo
arlequín

colibrí
topacio

lagarto anolis

En el suelo oscuro de la selva, descansa una mariposa hoja que realmente parece una hoja caída. A su lado camina un matacaballos gigante con su disfraz de ramita. Este insecto observa a los milpiés, arañas y hormigas en su búsqueda diaria de alimentos.

Algunas hormigas arrieras acaban de salir del hormiguero y trepan una tras otra por el tronco de un árbol. Cortarán trocitos de hojas y los traerán de vuelta a su nido. Otras hormigas ya vienen de vuelta con su cargamento de hojas que luego masticarán para producir una masa pulposa y húmeda. Utilizan esta masa para cultivar los hongos de los que se alimentan.

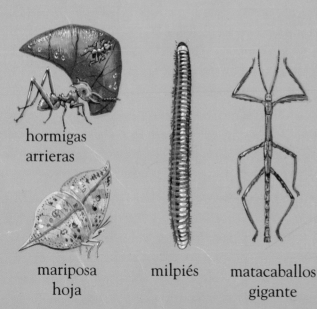

hormigas
arrieras

mariposa
hoja

milpiés

matacaballos
gigante

Lo que parecía ser una larga y fina parra por donde pasaban las hormigas es una boa esmeralda, una serpiente arborícola que acecha a su próxima presa.

La serpiente se desliza sigilosamente por el tronco de un árbol de caucho. Las marcas en la corteza del tronco indican que alguien estuvo allí extrayendo la savia para producir goma de látex.

La boa esmeralda intenta atrapar por sorpresa a una iguana. Aunque la iguana sabe que hay peligro, no se mueve hasta que la serpiente está a punto de atacar. Entonces, la iguana se escapa rápidamente saltando al arroyo que pasa por abajo.

enredadera del jagüey

boa esmeralda

iguana común

arácea

Ya desde el arroyo, la iguana ve las mariposas morfo de color azul intenso que vuelan cerca de un tapir. Este animal normalmente duerme todo el día pero acaba de despertarse para beber agua.

La iguana busca el origen de un ruidito "*tuit-tuit*" que proviene de la otra orilla del arroyo. Allí, un chigüiro pasta como un curiel gigante. Mastica plácidamente las hierbas altas y los lirios de agua.

Como la iguana es una buceadora magnífica, se sumerge y nada de vuelta a la orilla.

Bajo la superficie las aguas empiezan a verse turbias.

catídida
amazónica

chigüiro

tapir brasilero
con su cría

guirnalda real

Cuando los hombres aún no derribaban árboles, las aguas del arroyo eran cristalinas y profundas. Ahora, cuando llueve, hay menos raíces que puedan retener la tierra y absorber el agua. Por eso, el lodo rojo que las raíces no pueden contener se desliza hacia las aguas del río.

Si se continúa cortando árboles, los animales y plantas que has visto en este libro desaparecerán. También desaparecerán muchas otras. Más de la mitad de las criaturas que habitan en el mundo tienen su morada en las selvas tropicales. Allí viven tantas variedades de plantas y animales que aún no conocemos muchas de ellas.

Nos estamos dando cuenta de que todas las clases de plantas y animales son necesarios para preservar la selva tropical en buenas condiciones. Y, lo más importante es que estamos aprendiendo que sólo los seres humanos podemos salvar la selva tropical.

capa de crestas que sobresalen

follaje alto

follaje bajo

capa de arbustos

capa vegetal de la superficie